Norbert Golluch

Fettnäpfchen-Führer

für Frauen

Eichborn.

Vielen Dank allen Zuträgerinnen, Fettnäpfchenforscherinnen, Lebensbeobachterinnen und Selberhineintreterinnen!

Golluch, Norbert:
Fettnäpfchenführer für Frauen : wie Sie keine Peinlichkeit auslassen / Norbert Golluch. - Frankfurt : Eichborn 2000
  ISBN: 3-8218-2073-X

©Eichborn AG, Frankfurt am Main, Oktober 2000
Lektorat: Oliver Domzalski / Judith Schneider
Umschlaggestaltung: Oliver Schmitt, Mainz
Druck und Bindung: Fuldaer Verlagsagentur, Fulda
  ISBN: 3-8218-2073-X

Verlagsverzeichnis schickt gern:
Eichborn Verlag, Kaiserstr. 66, 60329 Frankfurt/Main
www.eichborn.de

Zack - drin!

Wenn man heute irgendwo reintritt, dann meist ins Katzenklo oder ins Hundefutter - eklig genug. Ursprünglich gab es dafür das Fettnäpfchen. Es stand neben dem Ofen im bäuerlich-ländlichen Haushalt, und es war ein Napf mit Stiefelfett. Es wurde an diesem Ort aufbewahrt, damit das Fett stets warm und damit geschmeidig zur Stiefelpflege bereitstand. Ins Fettnäpfchen traten meist unachtsame Besucher, die sich mit den örtlichen Gegebenheiten nicht auskannten, z.B. überraschend auftauchende Städter. Aber auch etwas derangierte Mitglieder der lebensvoll ländlichen Lebensgemeinschaft, z.B. der stockbesoffene Hausherr, der geistig minderbemittelte Knecht oder der trottelhafte Gerichtsdiener unternahmen weniger gern, aber dennoch häufig, einen Ausflug ins Fettige. Vermutlich war es für das Landvolk eine der unterhaltendsten Veranstaltungen im ansonsten reizarmen Landleben, sich bequem auf einen Lehnstuhl neben das Fettnäpfchen

zu setzen und abzuwarten, wer hineintrampeln würde – eine frühe Form von »Big Brother« sozusagen
und ähnlich unterhaltend. Das weibliche Personal,
die Hofherrin oder die Mägde, konnten die Schwei-
nerei hinterher beseitigen …

Schlechte Presse besser als …

… gar keine. Es war nicht nur Trottelhaftigkeit –
schon damals gab es eiskalt kalkulierende Subjekte,
die hin und wieder den Tritt ins Näpfchen wagten,
um im Gespräch zu bleiben – eine kalkulierte Provo-
kation sozusagen. Heute haben wir es gottseidank
mit fiktiven Fettnäpfchen zu tun, und sie sind weder
an Herd und Ofen noch unter Heizkörpern zu finden.
Umgeben ist jedes Fettnäpfchen von einer munte-
ren Schar von Peinlichkeiten, denn die Peinlichkeit
ist die Mutter des Fettnäpfchens. Im Unterschied zur
Peinlichkeit, die den Betroffenen eher langsam be-
schleicht wie eine hinterhältige Krankheit, tritt das
Fettnäpfchen plötzlich und häufig unerwartet auf:
Zack, drin!

Sichere Anzeichen ...

Nicht in allen Fällen wissen Sie sofort, daß Sie den Teppich des guten Geschmacks verlassen haben. Dann hilft es, den Symptomkatalog der Fettnäpfchenkunde zu befragen. Sie können sich sicher sein, daß sie in das eine oder andere Fettnäpfchen getreten sind, wenn:

• ... alle Anwesenden plötzlich schweigen.
• ... alle Anwesenden räumlich Abstand von Ihnen nehmen und sich betont abwenden.
• ... oder sich Ihnen gar in Erwartung Ihrer kommenden Schande aggressiv zuwenden.

Männer bemerken so etwas nicht, aber Sie als Frau haben besonders empfindliche Sensoren für soziale Situationen. Deshalb werden Sie auch die folgenden persönlichen Anzeichen für den Tritt in den Napf richtig zu deuten wissen:

• Sie fühlen Hitze aufsteigen (für die übrigen Mitmenschen werden Sie rot und röter).

- Ihr Atem geht kurz und hektisch.
- Sie wünschen sich plötzlich ganz weit weg – am liebsten auf eine einsame Insel.

Nicht Sie selbst, sondern Ihr Gesprächspartner signalisiert ein Fettnäpfchen, wenn …
- … er plötzlich überraschend, verstört oder irritiert handelt.

Ganz schlimmes Anzeichen:
- Ihr männlicher Gesprächspartner wird aggressiv. Das kann sich in ausgreifenden, gegen Sie gerichtete Gesten oder auch schon mal in einer körperlichen Attacke zeigen.

Noch schlimmer:
- Ihre Gesprächspartnerin bricht in Tränen aus (Das bringen Männer nur selten).

Sprache braucht es nicht …

… das Fettnäpfchen. Kommt das Alphamännchen der Urhorde A abends auf ein Tässchen Bison-Talg bei der Urhorde B vorbei und tanzt als Beitrag zur allgemeinen Unterhaltung den »Große-Jagd-auf-Mammut«-Tanz. Und genau an der Pointe, an der unwiderstehlich komischen Stelle, an der das Mammut dem ungeschickten Jäger mit dem Stoßzahn in den Allerwertesten fährt, bricht zuerst das dominante Weibchen der Urhorde B und dann der ganze Clan in Tränen aus!

Was der Besucher nicht weiß: Erst gestern blieb ein Mitglied der Horde auf der Strecke, vom Stoßzahn durchbohrt …

Ausweg: Mitheulen …

… und zwar bevor die Trauer in Aggression umschlägt. Ein Urstromtal voller Tränen wäscht die Peinlichkeit davon. Der »Er-war-ein-großer-Jäger«-Tanz kann ebenfalls recht besänftigend wirken.

Café

Dumme Sprüche wirken schneller

Das Schema ist nahezu das gleiche wie im vorange-
gangenen Fall, wenn auch mittlerweile unbedeuten-
de 500.000 Jahre ins Land gegangen sind:

Bei Kaffee und Kuchen wird viel geredet. Ob es
wirklich ihre Überzeugung ist oder ob sie nur eine
coolen Spruch klopfen wollte? In einer alkoholisch
angeregten Runde posaunt Petra laut hinaus, daß
blonde Frauen, die Gerlinde heißen und eine Kurz-
haarfrisur tragen, immer strohdoof sind – um eine
Sekunde später zu bemerken, daß ja genau so eine
Gerlinde am Tisch sitzt ...

Ausweg: die Flucht nach vorn

Gerlinde ist doch wirklich ein schlimmer Vorname,
oder? Fast so schlimm wie Petra – und so heiße ich
ja selber, und blond bin ich auch noch ... Wenn das
nicht wirkt: Erkundigen Sie sich nach einem »Gerlin-
de-Besänftigungs«-Tanz.

Späte Geburt?

Eines der beliebten Schwangerschafts-Fettnäpfchen: Die Hochschwangere, die man vor vier Wochen zuletzt gesehen hat, öffnet die Haustür. Kaum hat man mit Blick auf ihren mächtigen Bauch erstaunt ausgerufen »Immer noch nicht da, das Baby!? Du läßt dir aber Zeit!«, hört man auch schon drinnen in der Wohnung das kräftige Schreien des kleinen Rackers im Hintergrund …

Ausweg: Komplimente

Man hätte auch sagen können: »Warum bist du denn noch immer so fett?« Der wohl einfachste Ausweg: Wenden Sie sich dem Baby zu, streicheln Sie es sanft und loben Sie seine schönen Augen, die es ja wohl von der Mutter geerbt haben muß. Frauen sollten sich hier nicht in die leidenschaftliche Lobpreisung detaillierter körperlicher Vorzüge (Haut, Po) versteigen, weil sie, vom gleichen Geschlecht gemacht, eher unglaubwürdig wirken.

Friedhof

Sex am Grabe unerwünscht

Der stadtbekannte Menschenfreund wird beerdigt. Alle Honoratioren haben gesprochen. Nun erweist ein Beerdigungsgast nach dem anderen dem Toten die Ehre: vortreten, trauern, Schäufelchen Erde, zurück ins Glied. Nun Sie. Eigentlich kannten Sie den guten Verblichenen nur am Rande. Gut, Sie sind dann schließlich doch hingegangen zur Beerdigung. Allerdings waren Sie nicht ganz bei der Sache, als Sie sich für den traurigen Anlaß ankleideten …

Immerhin tragen Sie Schwarz: Stilettos, Netzstrümpfe, den kurzen Rock, die weit ausgeschnittene Kostümjacke mit dem Spitzen-Top. Eben nehmen Sie eine Schaufel voller Erde und beugen sich vor, sie ins Grab zu werfen. Die älteren Herren hinter Ihnen kriegen fast einen Herzinfarkt bei soviel Bein. Und der Pfarrer vor Ihnen gewinnt tiefe Einblicke …

Ausweg: keine Chance!
Lassen Sie sich einsargen!

Falsche Leiche?

Der Pfarrer ist heute in Hochform und hält bei der Beerdigung von Gerlinde Strünk eine bewegende Grabrede. Der gewünschte feierliche Effekt stellt sich auch weitgehend ein, aber einige nahe Verwandte schauen ihn ziemlich irritiert an. Dennoch – der Pfarrer zieht die Sache durch und bringt die Verblichene stilvoll unter die Erde.

Zwei Stunden später hat er die nächste Beerdigung. Kurz vor Beginn seiner Rede schaut der Pfarrer noch einmal kurz auf sein Manuskript, und er hält erschrocken inne: Der nächste Kunde heißt schon wieder Gerlinde Strünk, denkt er einen kurzen Augenblick. Dann schaut er auf das Kärtchen, das ihm Gatte der zuvor Beerdigten überreichte: Mit herzlichem Dank, Ihre Heribert Bürgel …

Ausweg: die Veranstaltung wiederholen?

Zugabe! könnte man rufen. Exhuminieren und noch einmal versenken? Wohl kaum …

Unfall beim Baggern

Überraschende Parties sind oft die besten. Auf einer Party, zu der man Sie selbst nicht eingeladen hatte, zu der Sie aber als Begleitung mitgenommen wurden, schmecken Ihnen die Getränke gut. Sie kommen in Hochform und baggern alles an, was irgendwie männlich aussieht.

Zum Beispiel den schönen Unbekannten mit den grauen Schläfen neben Ihnen: »Hey, du starker Herrscher der Nacht, ist doch stinklangweilig hier - wollen wir nicht woanders Action machen?« Sie kriegen zur Antwort: »Sie können ja hingehen, wo Sie wollen - ich kümmere mich weiter um meine Gäste!«

Ausweg: der böse Alkohol

In Ihrer Not könnten Sie zum Beispiel sagen: »Alkohol macht mich immer so hemmungslos!« Wenn Sie das mit dem richtigen Augenaufschlag und dem korrekten Timbre in der Stimme tun, vergißt er vielleicht sogar seine Pflichten als Gastgeber …

Voll daneben!

Das festliche Abendessen beginnt. Die Gastgeberin naht schon mit dem geheimnisvoll verschlossenen Topf. Sie, der Ehrengast, parlieren mit dem Hausherrn, schwatzen so über dies und das und werden dann nach Ihren lukullischen Vorlieben befragt. Ein wenig unbedacht, aber wahrheitsgemäß äußern Sie sich über Ihre Vorlieben: »Eigentlich mag ich alles. Aber wenn ich eines auf den Tod nicht ausstehen kann, dann Fischsuppe!« Ich brauche jetzt wohl nicht extra zu erläutern, was sich in dem geheimnisvollen Topf befindet …?

Ausweg: alles nur ein Scherz?

Diese Erklärung wirkt nur glaubwürdig, wenn Sie sich beim anschließenden Verzehr der Fischsuppe nicht übergeben müssen. Schon das geringste Bißchen Brechreiz entlarvt Sie als Lügnerin und Schleimerin – bleiben Sie dann lieber bedauernd bei der Wahrheit …

Who is who?

Es ist nicht einfach, sich auf fremden Terrain zu orientieren, und auf unbekanntem Gebiet befindet man sich häufig, wenn man eingeladen ist. Wer ist wer? fragt man sich. Auf der Suche nach einem Orientierungspunkt und etwas Gesprächsstoff finden Sie endlich eine Gesprächspartner, nippen an der Bowle, die eindeutig viel zu fad oder zu sauer schmeckt und hören von sich selbst die verhängnisvolle ironische Bemerkung: »Merkwürdiges Tröpfchen!« – »Ist mir gut gelungen, nicht?« meint die Dame neben Ihnen, welche die Gastgeberin ist. »Darf ich nachschenken?«

Ausweg: zur Tagesordnung

Hat sie es nun nicht gemerkt oder geht sie taktvollerweise einfach darüber hinweg? Wir wissen es nicht. Sollte Sie sich doch noch beschweren, sagen Sie einfach: »Entschuldigen Sie, in puncto Getränke ist mein Geschmack einfach fürchterlich!«

Immer voll drauf

Besonders massiv ins Fettnäpfchen treten Sie in der Abendgesellschaft, wenn Sie jemand in seinem zentralen Selbstverständnis treffen. Es muß nicht immer die Gastgeberin sein – auch andere Gäste werden Sie nie vergessen, wenn Sie sich so einführen:

• Bezeichnen Sie auf der Gartenparty z.B. das Haus auf der anderen Straßenseite im Gespräch als »abartige Hütte« oder »Baracke«, um dann festzustellen, daß der Nachbar a) Architekt und b) seine Frau Ihre Gesprächspartnerin ist.

• Nennen Sie auf dem Empfang des Bürgermeisters das Kleid der Gastgeberin einen »aufdringlichen Fummel«, um dann festzustellen, daß Sie mit der besten Freundin der Hausherrin reden …

Ausweg: überflüssig

Sonnen Sie sich im Lichte der Öffentlichkeit! Daß Blicke töten können, glauben Sie ohnehin nicht.

Begrüßung I: Knutschorgie

Zeigte man noch vor einigen Jahren, wie cool man war, indem man bei der Begrüßung die Hände in den Hosentaschen (auch frau trug Hose) ließ, so ist heute die förmliche oder aber die herzliche Begrüßung wieder in. Entsprechende Aufmerksamkeit genießt das Begrüßungsritual.

Voll ins Fettnäpfchen treten Sie daher, wenn Sie alle zuerst begrüßen: Fallen Sie jedermann um den Hals und knutschen Sie ihn oder sie ab, bis ihm oder ihr Hören und Sehen vergeht, und das, bevor irgend jemand anderes auch nur einen Finger gerührt hat.

Ausweg: gestikulieren

Sollten Ihnen Wellen der peinlichen Berührtheit entgegenschlagen oder einer Ihrer Exmänner unter den Gästen sein: Machen Sie aus Ihrem Begrüßungsversuch eine wilde Geste, fahren Sie sich durchs Haar oder so ähnlich. Spielen Sie den Clown und pfeifen Sie Ihre vorgeschnellte Rechte zurück wie einen ungehorsamen Hund.

Begrüßung II: einschleimen, angeben

Wenn Sie die wichtigsten Personen zuerst begrüßen, und das auch noch in der Reihenfolge ihrer sozialen Stellung, erkennt Sie jeder gleich als das, was Sie sind: als Arschkriecherin und Einschleimerin – Hierarchie ist alles!

Oder machen Sie sich gleich im ersten Augenblick als dezent und bescheiden bekannt, indem Sie bei der Selbstvorstellung alle Ihre akademischen Titel und/oder Adelsprädikate penibel genau aufzählen.

Ausweg: keiner

Nach Ihrer Vorstellung im »Hadschi-Alef-Omar-Ben-Hadschi«-Verfahren können Sie auch noch die Namen oder Doppelnamen der anderen bei der Vorstellung abkürzen oder verhunzen.

Einladung

Neue Wohnung, neue Freunde

Ihre neue Wohnung ist toll, wenn auch das Mietshaus, nein, das ist nicht so toll. Und erst die Nach-
barn ... Auf Ihrer Einweihungsparty unterhalten Sie
sich angeregt mit einem Gast, den Sie nicht so recht
einordnen können. Sie halten ihn für einen mit-
gebrachten Freund Ihrer Freunde. Man unterhält
sich über das Mietshaus und kommt auf die Nach-
barn zu sprechen, von denen man so einiges gehört
hat. Sie meinen: »Die Leute hier im Haus sollen
nicht so toll sein. Zum Glück hat keiner von denen
meine Pro-Forma-Einladung zur Einweihungsfeier
wahrgenommen!« Darauf schaut der Gast Sie pikiert
an und meint: »Ich schon! Ich bin Ihr Nachbar von
gegenüber!«

Rettungsversuch: Empörung

»Was?! Sie sind doch so ein netter Mensch? Wes-
halb reden die Leute so schlecht von Ihnen?« Entweder er glaubt es – oder er hält Sie für eine Schleimerin.

I am the VIP!

Der erste Eindruck zählt – je feiner das Restaurant, desto fettiger dieses Näpfchen:

• Warten Sie ja nicht, bis der Kellner Ihnen und Ihren Begleitern einen Tisch zuweist! Stürmen Sie stattdessen ins Lokal und greifen Sie sich den besten Platz an der Sonne. Rechnen Sie allerdings damit, daß der Tisch, den Sie gewählt haben, reserviert ist. Es könnte sogar sein, daß in diesem Restaurant jeder Tisch reserviert ist (aber nicht für Sie!) Sollten Sie einen Tisch bekommen, können Sie gleich weiterstolpern – von einem Fettnäpfchen ins andere …

• Nutzen Sie keinesfalls die Garderobe! Wenn Sie mit Hüten, Jacken und Mänteln die Stühle im Restaurant blockieren, zeigen Sie a) deutlich Präsenz b) Ihre modischen Ambitionen und c) daß Sie Weltbürgerin und Sucherin im Kosmos sind.

• Nutzen Sie die Serviette als Taschentuch, Kosmetikpapier, Schweiß- und Halstuch! Putzen Sie (in dieser

Reihenfolge) Ihre Brille, Nase und Schuhe damit, kleben Sie gebrauchte Kaugummis hinein! Auch durchgekaute Essensreste lassen sich gut darunter verstecken.

• Erzählen Sie Ihrem Begleiter lautstark und schenkel-klopfend schweinische Witze! Männer mögen das – deshalb tun sie es ja unentwegt selber. Oder verarschen Sie die übrigen Gäste des Lokals! Da kommt Stimmung auf!

• Bestellen Sie zum Hummercocktail »Chef« eine Cola light, mischen Sie diese unter Ihren Chateau Mouton Rothschild, Jahrgang 1954 und prosten Sie Ihrem Begleiter etwa mit den Worten zu: »Hau weg, die Scheiße!«

• Übernehmen Sie die Weinbestellung selbst und werfen Sie dabei die Reihenfolge der Weine kom-plett durcheinander! Süßer Rotwein zu Fisch! Trin-ken Sie zuerst den teuersten Wein und verlangen Sie danach Lambrusco aus dem Supermarkt!

• Telefonieren Sie während des Essens mehrfach lautstark und wild gestikulierend mit Ihrem Handy! Reden Sie immer mit gehobener Stimme! Ihre Worte müssen ja einige Entfernung überbrücken. Stellen Sie das Klingelsignal am besten auf Stufe 5 - extrem laut – und auf »Schicksal-Symphonie« – das belegt Ihr kulturelles Niveau!

• Beenden Sie die Mahlzeit für alle deutlich sichtbar, indem Sie Ihre Zigarette auf dem Teller ausdrücken und beim Verlassen des Lokals die Kerze auf dem Tisch auspusten. Derartige Rauchzeichen machen klar, daß Sie jetzt den großen Abgang machen.

• Trinken Sie zum guten Schluß unbedingt noch die Reste aus den Gläsern Ihrer Tischgenossen aus.

Übrigens: Der »Gabeltest«(Besuch im Restaurant) – ist immer noch Gang und Gäbe bei der Einstellung von Mitarbeitern. Wenn Sie sich verhalten wie oben beschrieben, kriegen Sie den Job garantiert nicht. Oder allenfalls einen als abschreckendes Beispiel.

You work hardly!

In einer fremden Sprache fühlt man sich zwar leidlich zuhause, sobald man den einen oder anderen Halbsatz versteht, doch können häufig ein paar Buchstaben den Unterschied zwischen Kompliment und Beleidigung ausmachen. So geht unter Nicht-Sinologen das Gerücht, daß im Chinesischen das Wörtchen »Li« sowohl »Schwiegermutter« als auch »Bratpfanne« bedeuten kann …

• Handgreiflich erfuhr ein Bekannter seine sprachlichen Mängel, als er in England reiste und, auf der Suche nach Sprachkontakten, einen Londoner Bauarbeiter ansprach: »Oh, you work hardly!« Worauf dieser ihm ein Veilchen anbot. Gemeint war hier: »You work hard!«, den »hardly« bedeutet »kaum«.

• In Japan ist es Gepflogenheit, beim Betreten von Gasthäusern oder Wohnungen die Schuhe grundsätzlich im Vorraum auszuziehen und die bereitstehenden Pantoffeln zu benutzen. Diese wiederum müssen ausgezogen werden, wenn Sie zur Toilette gehen, und hierfür gibt es eigens Schuhe vor der Tür des Wohnraumes. Der allerschlimmste Fauxpas ist es, den Eßraum mit den Kloschuhen zu betreten – übersetzt ins Mitteleuropäische: Ihr Begleiter könnte auch gleich bei Tisch in die Blumenvase pinkeln.

• Essen ist in Asien nicht überall tot. Lehnen Sie keine Speisen ab, die sich noch bewegen. Zappeln gilt als Zeichen von Frische. »Igitt-igitt!«-Geschrei ist äußerst deplaziert.

• In Korea ist – seltsame Sitten - das Tischgespräch verpönt. Es gilt als unhöflich, während des Essens zu reden. Genießen Sie schweigend! Ihr Koreanisch dürften sowieso nur Sie selbst richtig verstehen.

• In China ist die Zahl Zwei überaus beliebt. Man schenkt am besten immer ein Pärchen: Kerzenleuchter, Jadefiguren, Blumentöpfe. Wer zuviel des Guten tut, erntet Ärger, denn die Zahl Vier verdoppelt das Glück nicht etwa, sondern steht für den Tod.

Wieviele denn nun?

Sprachliche Fettnäpfchen, entsprungen aus der Unterschiedlichkeit der Kulturen, sind zum einen nicht weniger entnervend, können aber auch recht unterhaltsame – und nahrhafte – Folgen haben.

• Ein Freund ist zum ersten Mal in Frankreich, hat dort ein Ferienhaus gemietet und will am Morgen den Kühlschrank füllen. Er geht, nachdem alle Bestellungen der Familie aufgenommen sind und er lange im Wörterbuch geblättert hat, in den Laden mit dem wohlklingenden Namen »Épicerie«. Mit den Baguettes usw. klappt alles großartig, doch dann will er zehn Eier kaufen. Zur Verdeutlichung seines Wunsches deutet er auf die Hühnerkeimzellen und sagt: »Dix-neuf!« Der Verkäufer sieht ihn kurz an, zögert etwas und packt dann – neunzehn Eier in eine große Tüte... Was er wirklich kaufen wollte, waren dix oeuf – zehn Eier.

Ausweg: Omelette!

… aber

Oft ist es ein einziges Wort an falscher Stelle, daß zur internationalen Katastrophe führt. Es muß nicht gleich das Ausmaß »Meine Damen und Herren, liebe Neger!« annehmen, meist genügt schon ein kleines »aber«.

• Einer Frau, die mit einem Türken verheiratet ist, unterlaufen auch nach längerer Ehe immer noch Sätze wie »Er ist Türke, aber sehr nett.« über ihren Mann – und das in seiner Gegenwart.

• »Das ist aber mal ein netter Asylant!« entfährt es der älteren Dame, die mit ihrem Enkel im Kinderwagen unterwegs war und der ein netter dunkelhäutiger Herr beim Einsteigen in die Straßenbahn geholfen hat.

• »Für einen Neger sprechen Sie aber wirklich gut Deutsch!« Warum auch nicht, ist er doch in Deutschland aufgewachsen und hat einen deutschen Paß.

Mißverständnisse

Erinnern Sie sich noch an die ersten Frankreich-Urlauber, die im Restaurant der finalen Käseplatte völlig den Garaus machten, statt von der einen oder anderen Sorte ein Stückchen auszuwählen? Oder die ersten Sri-Lanka-Urlauber, die sich die duftenden Salböle als Kurze hinter die Binde kippten – mit durchschlagendem Erfolg? Wer die Sitten und Gebräuche nicht kennt, benimmt sich wie der Elefant im Porzellanladen.

• In Lappland hält ein Mann den Touristen ein hölzernes Butterfaß unter die Nase und überschüttet sie mit einem Redeschwall, von dem sie kein Wort verstehen. Die reagieren zunächst irritiert, öffnen dann aber ihre Geldbörsen und werfen, sich ihrer sozialen Pflicht bewußt, dem armen Mann ihr ganzes Kleingeld hinein. Nun zeigt sich der Lappe irritiert, denn er wollte das Faß verkaufen und nicht etwa betteln.

Volsicht, Chinese splicht deutsch!

Hier ein sehr persönlicher Bericht über ein Fettnäpfchen aus Jugendtagen: Als meine Brüder und ich
zwischen zwei und sieben Jahre alt waren, kam über
Weihnachten ein Chinese zu Besuch, Herr Liu Tao
aus Taiwan. Gemeinsam mit meinem Vater holten
wir ihn mit dem Auto ab. Zu Hause angekommen,
rief mein Vater, der in jeder Situation einen lustigen
Spruch parat hatte, nach alter Gewohnheit: »Alle
Chinesen aussteigen!« Herr Liu sprach ausgezeich-
net Deutsch …

Ausweg: Noch eins draufsetzen!

Nur Trantüten hängen jetzt noch einen L-Witz an.
Die wirklich rettende Idee: Sorgen Sie dafür, daß die
Deutschen auch noch eins auf den Hut kriegen. Ein
angehängter Satz wie »… und alle Deutschen gehen
jetzt zu Fuß weiter!« gehört zwar nicht in die Spitzen-
klasse spontaner Gags, aber vielleicht fällt Ihnen ja
etwas Besseres ein.

Na, Süßer?

Mit Prominenten machen Fettnäpfchen besonders viel Spaß, und es gibt eine ganze Reihe, in die Sie lustvoll hineintrampeln können:

• Sprechen Sie einen Schauspieler in seiner Rolle und zudem noch an, als seien Sie alte Bekannte (»Na, Schimi, Süßer? Weißt du noch, damals, in Wanne-Eickel?«)

• Plumpe Vertraulichkeit bringt es voll. Profitieren Sie von der Ausstrahlung des Prominenten, indem Sie sich in seine Nähe rücken (»Darf ich Ihnen meine alte Freundin Madonna vorstellen?«)

• Verwechseln Sie die Prominente, am besten mit einer drittklassigen Kollegin (»Glenn Close? Und ich dachte, Sie seien Mutter Beimer!«)

• Bei prominenten Männern kommt es an, wenn Sie die Ignorantin geben (»My Name is Brad Pitt!« – »Oh, indeed? Never heard of you!«)

Pure Natur

Nicht alles ist immer, wie es zu sein scheint, besonders nicht in den Gesichtern von Frauen. Sie treffen eine Ihnen bekannte Dame und wundern sich über diesen dunklen Fleck in Ihrem Gesicht, der Ihnen bisher nicht aufgefallen war: »Hach, tragen Sie jetzt auch so ein Bindi, dieses indische Zeichen der Wahrheit? Es ist Ihnen aber etwas verrutscht!« Entgegnet die andere etwas pikiert: »Nein, das ist mein Muttermal!« Erst jetzt sehen Sie, daß die Lady ungeschminkt ist, wie Gott sie erschaffen hat.

Oder Sie wundern sich über die Hautfarbe einer Freundin, die eher bleich war, plötzlich aber sowas von südseefischerbraun ist, nahe am Brathähnchen. »Warst du zum Urlaub im Hochgebirge?« – »Nein, der Regler unserer Sonnenbank war defekt!«

Ausweg: überflüssig
Reagieren Sie blitzschnell: »Das steht dir / Ihnen aber gut!« und Sie sind fein raus.

Nasenhammer

Das Weibchen des Hängebauchschweines duftet hocherotisch – für den Eber. Eben. Geschmäcker sind verschieden – besonders was das Geruchsempfinden angeht. Kosmetisch liegen Welten zwischen Geschmack A und Geschmack B:

Eine Freundin besucht eine andere, schnuppert angestrengt in der Wohnung umher und fragt dann, was denn hier so nach Kloreiniger stinke. Die andere erklärt pikiert, sie habe gerade geduscht und sich frisch mit ihrem neuen Deo eingesprüht.

Die Wahrnehmungsdifferenz zwischen zwei Personen für ein und denselben Duft ist hier aber noch relativ gering. Die Freundin hätte auch naserümpfend fragen können: »Stinkt dein Hausmüll so?« oder gar »Ist dein Hamster gestorben?«

Ausweg: Nasenprobleme

Schniefen Sie etwas und sagen Sie: »Ich bin erkältet und nehme Gerüche derart seltsam wahr …«

Modellkleid …

Der erste Eindruck schockt: So haben Sie Ihre Freundin noch nie gesehen: Pferdearsch, Schwimmring um die Taille – war sie nicht eigentlich schlank? »Sag mal, hast du zugenommen?« entfährt es Ihnen, und sie wendet sich pikiert ab. »Nein«, flüstert Ihnen eine andere Freundin zu, »es ist dieses Kleid! Modell aus Paris, geschneidert für eines dieser Bohnenstangen-Models. Sie hat es preisgünstig gekriegt, keine zweitausend Mark …« Was Ihre Freundin mehr nervt, fragen Sie sich, die Tatsache, daß sie nun jede für dick hält oder der Ärger über das offensichtlich rausgeworfene Geld?

Ausweg: Ich auch-Geschichte

Erzählen Sie Ihr doch von dem knallengen Badeanzug letztes Jahr, der im Katalog so süß aussah, und wie Ihr Gatte dann den Lachkrampf bekam, der alte Chauvi, als er Sie bei der Anprobe vor dem Spiegel überrascht hat …

Wie sensibel von mir!

Modische Entgleisungen, Schönheitsflecken, Gerüche – da fehlt nur noch das leidige Thema Gewicht. Sie haben sicher auch eine ehemalige Freundin, die Sie mal mit einer Bemerkung über ihr Gewicht beleidigt haben. Vielleicht war es so: Sie wollten zusammen reiten gehen und zwar auf einen Ponyhof. Vorab haben Sie sich mit ihr darüber unterhalten, ob sie auf ein Islandpony steigen kann oder nicht und Sie haben gedankenlos gesagt: »Kein Problem! So ein Islandpony kann bis zu 100 Kilo tragen! Das dürfte doch reichen …« Gut, sie war ziemlich groß und auch eher kräftig gebaut, aber sie hat allerhöchstens 75 Kilo gewogen und Sie von diesem Augenblick an gehaßt …

Rettungsversuch: mathematische Schwäche
»Meine Größenbegriff ist äußerst schlecht. Ich frage mich auch immer vor Brücken, ob 3,5 t für mich reichen …«

Wunschkind oder nicht?

Der Kreis des Privaten schrumpft immer weiter. Über vieles redet frau in aller Öffentlichkeit - Eheleben, Einkommen, Krankheiten, die verschiedenen Abenteuer des weiblichen Zyklus'. Recht weit hinein ins Reich der Fettnäpfchen führt die Frage: »Ist es ein Wunschkind?«, wenn die Gefragte nicht die allerbeste Freundin ist.

Eine Frage oder Überlegung, die nicht unbedingt in die Öffentlichkeit gehört, denn überlegen Sie mal den Fall, daß es kein Wunschkind ist und die zugehörige Antwort: »Äh, nein, das ist uns so beim Ficken passiert, Schwupps, und eigentlich wollten wir es erst abtreiben lassen.«

Rettungsversuch: ... die schnelle Einschränkung
Wenn Sie Ihren Fauxpas schnell genug bemerken, können Sie noch ein » ... wenn ich fragen darf!« anhängen. Denn dann kann die Gefragte auch auf eine Antwort verzichten.

Häufig wechselnd?

Auf dem gleichen miesen Niveau wie diese Antwort steht die folgende Frage: »Und wer ist der Vater?« Eine selten dämliche Frage in der Öffentlichkeit, z.B. auf der Cocktailparty, auch wenn Sie Ihre Freundin eine Zeit nicht gesehen haben und daher nicht wissen, mir wem sie zur Zeit zusammenlebt.

Ist die Frage einmal ausgesprochen, so liegt das Kind im Brunnen, selbst wenn die Gefragte in geradezu betonierter Einehe lebt: Die Aufmerksamkeit der ganzen Gesellschaft ist ihr gewiß, und alle stellen Spekulationen über ihren häufig wechselnden Geschlechtsverkehr an.

Noch ein Tip zu handgreiflichen Untaten:

Vermeiden Sie es auch als Frau, einer Schwangeren ungefragt den Bauch zu betatschen, es sei denn, es ist Ihre beste Freundin. Männern hingegen können Sie den Bierbauch tätscheln – die mögen das.

Freudsche Fehlleistung?

Die Journalistin ist zu Besuch bei der großen Illustrierten, um mit einem überaus attraktiven Redakteur über einen ersten Artikel zu reden. Sie hatte ganz schön Lampenfieber vor dem Termin, aber alles läuft gut, man wird sich einig, die Stimmung ist freundlich bis erotisch aufgeladen. Man redet sogar über Privates und bemerkt ähnliche Interessen. Als die Journalistin sich verabschiedet, will sie dem Redakteur ihre Visitenkarte überreichen, greift forsch in die Außentasche ihrer Kostümjacke und hält ihm anstelle der Karte – einen Pariser hin …

Notanker: Flucht nach vorn

Eine lustig-freche Behauptung könnte die Situation retten, etwa der Satz: »Oh, da sind Sie mir wohl sympathischer als ich dachte!« Wenn das Verhältnis allerdings förmlicher war, bietet sich wohl nur noch eine klassische Entschuldigung an.

Schwarzer Humor?

Ob die Grippe echt wahr oder Sie sich nur »eine Grippe genommen« hatten – nach einer Woche kommen Sie wieder zurück ins Büro. Am Kantinentisch erkundigt sich ein Kollege freundlich-interessiert: »Na, wieder gesund? Was hattest du denn Schlimmes?« Sie, die glücklich Genesene, erspüren natürlich sofort die feine Unterstellung und erwidern in makabrem Scherz: »Na, was schon? Kinderlähmung natürlich!« Betretenes Schweigen am Tisch. Warum nur, der Witz war doch gut … Da fällt Ihnen auch schon siedendheiß ein, warum der eine Kollege Sie so seltsam anstarrt. Hinkt der nicht immer so komisch?

Ausweg: Oh, Pardon!

Wie wäre es hier einfach mal mir einer Entschuldigung? Ihr behinderter Kollege wird das zu schätzen wissen, und für Ihr Ego hängen Sie einfach noch an: »Na, wenn der auch so blöde fragt …«

Schrecklicher Typ

Hanne erzählt ihrer besten Freundin Katarina allerlei Tratsch und Geschichtchen aus der Kindertagesstätte, in der sie arbeitet. Insbesondere lästert sie über einen Vater, einen ziemlich unmöglichen Typen, Hochschulprof, ein hochnäsiger Glatzkopf, unangenehm, rechthaberisch, »wie ein Oberstudienrat, nur eben an der Uni«.

Ein paar Monate später trifft Katarina bei einer Fortbildung Ina, eine Mutter aus eben dieser Kindertagesstätte, die sie gleich sehr mag. Beim Bier kommen die beiden ins Gespräch, und natürlich ist auch die Kindertagesstätte Thema. Meint Katarina: »Da soll so ein schrecklicher Typ rumlaufen, Hochschulprofessor, Glatze, weiß alles besser …!« Ina lächelt seltsam und meint dann: »Ach, du kennst meinen Mann?«

Ausweg: gemeinsam über ihn lachen
Vielleicht versteht sie ja Spaß – bei dem Mann …

Büro

Who is who?

Es gab eine Zeit in den frühen siebziger Jahren, da waren Fernsehredakteure (besonders aus dem Bereich Kunst & Kultur) in Outfit und Haartracht kaum von den Stadtstreichern zu unterscheiden, die die Plätze vor ihren Sendepalästen belagerten.

Verwechslungen laufen heute unter anderen Vorzeichen ab: Der Vertreter des Software-Hauses besucht die High-Tech-Computerfirma und hat einen Termin mit dem Chef, den er noch nicht persönlich kennt. »Na, erwartet mich der Big Boss schon?« fragt er jovial die schick gekleidete »Sekretärin«, die ihn am Eingang empfängt. »Der Big Boss steht vor Ihnen!« meint die Dame bescheiden. »Aber wenn Sie lieber mit einem Mann reden, müssen Sie es vielleicht bei der Konkurrenz versuchen …«

Ausweg: Zurück zum Eingang …
… neuer Versuch!

Intimes

Hobby vieler Frauen: Beim zweiten Frühstück in der Kantine über die Männer und die erotischen Abenteuer mit Männern herumlabern. Was kann das Selbstgefühl der egoschwachen Angestellten mehr aufheizen als vor versammelter Mannschaft die eigenen Liebesnächte mit den Kollegen auszuplaudern und ausgiebig zu diskutieren (Dabei heißt es doch immer, Frauen redeten lieber über die Liebesnächte anderer Kollegen)?

»Na, hat er dich rumgekriegt, der Finkelstetter?« fragt Kollegin B. Liebt interessiert nach. Und Kollegin B. Schränkt zieht vom Leder. Und wie! Liebesgeflüster, Waschbrettbäuche, Knackärsche, literweise Schweiß der Erregung, Orgasmen ohne Ende, und er trägt gestreifte Boxershorts – bis sie merkt, daß der Held ihrer Träume hinter ihr steht. »Oh, guten Morgen, Herr Fick … äh, Finkelstetter!«

Ausweg: Selbstmord? Ins Kloster?

Verwechslungen

Gut, die letzte Nacht mit Geschäftsfreunden war hart. Ganze Batterien Champagnerflaschen mußten – im Dienste des guten Geschäftsabschlusses, versteht sich – vernichtet werden. Der Morgen war noch härter, das Schädelbrummen extraterrestrisch – aber wie konnte sie nur »Danke, Schatzi!« sagen, als ihr Assistent morgens den Kaffee brachte, in der irrigen Meinung, von ihrem Lover bedient zu werden? Nein, es gab auch nicht den Hauch einer sexuellen Attraktion zwischen ihr und ihrem Bürohelfer – nur glauben würde ihr das künftig kein Mensch mehr …

Rettungswege

- den Assistenten wechseln
- sich scheiden lassen und den Assistenten heiraten
- der gesamten Belegschaft kündigen (Chefin)
- selbst kündigen

Schwarzseherin

Nicht nur Arbeitnehmer können mächtig ins Fettige tappen – auch der Unternehmer kann in die Falle gehen. So geschehen im gut florierenden Familienbetrieb der Firma Forsch & Co. Wobei es hier »& Co.« in Gestalt von Frau Sigrid Forsch war, die an einem Freitagnachmittag wohl auf dem Weg zum Shopping ins Arbeitszimmer ihres Gatten und Scheinwerfers und zugleich mächtig ins Fettnäpfchen trat. Es war nämlich einer zu viel im Zimmer, der Herr Steuerprüfer Redlich, der seiner Pflicht nachkam und die Bücher prüfte. Es rief die flotte Gattin salopp in den Raum: »Hallo, Schnurzelbärchen! Haste 'n paar hundert Schwarzmark für mich? Ich will mir 'n neuen Fummel kaufen!« Der Umgangston war schon immer ganz easy zwischen den Eheleuten – hier ein wenig zu salopp.

Ausweg: Bestechung? Auswanderung?
Schnurzelbärchen weiß es auch nicht …

Das Leid mit den Ex-Männern

Die Zeit rast dahin, und blitzschnell liegen Jahre zwischen Ihnen und der Vergangenheit. Sie haben Ihre Freundin ewig lange nicht gesehen, und schon gar nicht ihren Mann. Dennoch versuchen Sie, beim Treffen nach langer Zeit wieder Nähe herzustellen und alte Erinnerungen wachzurufen: »Ach, weißt du noch, 1992 auf der Dampferfahrt? Da wart ihr frisch verliebt, und du und Ingo, ihr habt die ganze Zeit hinten auf Deck gesessen und rumgeknutscht, nicht war, Ingo?« »Wie bitte? Ich kann mich nicht erinnern! Und übrigens heiße ich Gerd!« Fettnäpfchen! Ihre Freundin stellt die Sache klar: »Mensch, Susi! Ingo, das war mein Ex-Mann!«

Ausweg: Unzulänglichkeit

Vielleicht rettet Sie der Satz: »Ich kann mir einfach Namen und Gesichter nicht merken!« Verkneifen Sie sich aber auf jeden Fall den spontanen Satz: »Deinen letzten fand ich aber netter!«

Verwandschaft?

Alltag kann ganz schön anstrengend sein. Aber manchmal nimmt Alltägliches ungeahnte Bedeutung an und wird zum Keim für eine unüberschaubare Katastrophe – zum Glück nicht immer die eigene. Da erzählen Sie nichtsahnend beiläufig im Gespräch mit Ihrer Freundin: »Du, übrigens, gestern habe ich deinen Mann mit seiner Schwester auf der Straße gesehen. Hübsche Frau!«

Betretenes Schweigen auf der anderen Seite, und dann antwortet deine Freundin mit belegter Stimme: »Mein Mann hat überhaupt keine Schwester.«

Ausweg: Machen Sie einen Irrtum draus!

Denken Sie einen Augenblick lang nach und bemerken Sie dann: »Wenn ich es mir recht überlege – das kann auch gar nicht dein Mann gewesen sein. Der Typ war dicker und hatte 'ne Glatze ...«

Schlechter Moment

Die Party plätschert so vor sich hin, aber weil Ihnen und Ihrer Freundin die Aperitifs so gut geschmeckt haben, sind Sie schon ziemlich in Stimmung. Auf der Suche nach interessanten Gesprächsthemen kommen Sie bei Thema Nr. 1 an: Männer. Meint die Gastgeberin zu Ihnen: »Angenommen, du hast die Wahl, mit wem du eine romantische Nacht verbringen willst. Mit A, deinem Mann, oder B, mit …«
»B! B! B natürlich!« platzen Sie heraus, als sich Ihr Mann zu ihnen setzt. »B?« fragt er erstaunt. »Wer oder was ist denn B?«

Ausweg: Phantasie

Jetzt müssen Sie schnell sein und sich zum Thema B etwas einfallen lassen. »B?«, könnten Sie sagen. »Körbchenform B! Aber das geht euch Männer nichts an!« Oder soll Ihr Mann lieber mitdiskutieren, zum Beispiel über das Thema, ob er lieber mit Ihnen oder Ihrer Freundin …

Menschenkenntnis

Manche Fettnäpfchen bemerkt Frau erst mit Verzögerung: Sie sitzen in einer Runde, kennen nicht alle, aber das Gesprächsklima ist angeregt und Sie reden sich in Fahrt. Es geht um Menschenkenntnis. Alle zählen Beispiele auf. Sie brüsten sich damit, daß Sie beispielsweise Lesben zehn Meter gegen den Wind erkennen können. Kurzhaarschnitt, plump-männliche Bewegungen, doofes Gehabe usw. Zustimmung in der Runde, aber einige schweigen auch. Die Runde löst sich auf, im Garten reden Sie mit einer wunderschönen, langhaarigen und hochelegant gekleideten Frau, die Sie bisher nicht kannten, über dies und das. Dann kommt eine zweite, wunderschöne, langhaarige und hochelegant gekleidete Frau dazu, und die erste stellt sie Ihnen vor: »Das ist übrigens meine Lebensgefährtin. Wir sind seit fünf Jahren zusammen.«

Ausweg: Bezichtigen Sie sich einfach der Blödheit!

Und selbst?

Die Vorstandsvorsitzenden eines großen Konzerns (zu 99 % Männer) fahren in schweren Limousinen zur Tagung vor. Das ist an sich nicht ungewöhnlich. Sie tagen und tagen, verzehren riesige Buffetts und verfertigen dann ein Abschlußkommuniqué. Das verkünden sie bei einem eigens anberaumten Pressetermin und rauschen in ihren schweren Limousinen wieder davon. So geschehen irgemdwo in Nordrhein-Westfalen.

Wo das Fettnäpfchen steckt? Die Herren waren die Vorstandsvorsitzenden der Betriebe des Öffentlichen Nahverkehrs, und in Ihrem Abschlußkommuniqué vertraten sie die offizielle Meinung, daß einzig und allein der ÖPNV (sprich: öö-pee-en-vau) unsere Städte vor dem Kollaps bewahren wird.

Rettung: das nächste Mal per Fahrrad ...

... oder das Kommando an die Frauen übergeben!

Fit or fun?

Nachdem uns nicht nur im Auto Servomotoren selbst die kleinsten manuellen Verrichtungen abnehmen (Männer müssen sich bedienen lassen), müssen wir, schon um das völlige Abschlaffen unserer diversen Muskelgruppen zu verhindern, unter schweren Anstrengungen völlig nutzlose Maschinen bedienen, die diesen Effekt wieder ausgleichen sollen. Dabei erzeugen wir kinetische Energie, die allerdings völlig ungenutzt verpufft.

Übrigens: Haben Sie schon einmal überlegt, daß auf allen Kraftmaschinen und Trainingsfahrrädern in den Studios zwischen Flensburg und Oberstdorf soviel Energie erzeugt wird, daß diese mühelos ausreichen würde, die menschliche Arbeit in allen Fitnesstudios überflüssig zu machen?

Pardon, zurück zu den Fettnäpfchen. Oft reicht die Fitness nicht bis hinauf in die höheren Kopfregionen. Die wichtigsten Peinlichkeiten bemerken alle Anwesenden trotzdem, nein, dafür haben sie ein Gespür. Hier zunächst die Peinlichkeiten der geringeren Art: Recht schlecht kommt an, wer a) das falsche Outfit (Trainingsanzug von Woolworth) wählt b) den falschen Isoton-Drink schlürft (auf keinen Fall ohne L-Carnitin!) oder c) den falschen männlichen oder weiblichen Partner (zu dick, zu häßlich) mitbringt.

Aber das ist alles nichts gegen das Fettnäpfchen, in das die Frau des Autors dieses Bandes getreten ist:

• War sie in Gedanken oder schlichtweg faul? Sie ist mit dem Aufzug zum Training gefahren, und dabei hat sie ihr Trainer gesehen! Auch wenn das Studio im 4. Stock liegt – das hätte ihr nie passieren dürfen! Strafende Blicke, Desinteresse an ihrer Person – das fitness-soziologische Aus!

Ausweg: 4 Stunden auf dem Stepper …
… täglich, und das vier Wochen lang!

Aussichtsloses Unterfangen

In der Anzeigenannahme der Szene-Zeitschrift. Gerade haben Sie, die Frau hinter dem Schalter, eine Kontaktanzeige von einem nicht gerade attraktiven Mann entgegengenommen. Der Mann geht, sie drehen sich zu ihrer Kollegin um und können es sich nicht verkneifen festzustellen: »Der kann 100 Kontaktanzeigen aufgeben und findet keine!« Was Sie nicht bemerkt haben, weil es hinter ihrem Rücken geschah: Mittlerweile ist der Mann zurückgekehrt und steht direkt hinter Ihnen …

Rettungsversuch: relativieren!

Sie könnten sich zu dem verärgerten Kunden umdrehen und sagen: »Na, jedenfalls sind Sie nicht mein Typ!« Damit geben Sie sozusagen den kompletten Rest des Liebesmarktes wieder für ihn frei. Dennoch ein schwacher Versuch, denn Ihre Behauptung hat schon etwas Absolutes - schließlich kennen Sie ja den Markt.

Ewige Liebe?

Sie sitzen angetrunken in der Kneipe, ein Typ am Nebentisch strahlt Sie an. Sie glauben ihn zu kennen, gucken aber erst einmal weg. Wenn Sie es recht überlegen, finden Sie ihn nett. Sie sehen noch einmal hin, und er erwidert Ihre Blicke geradezu provokativ. Spreche ich ihn an? fragen Sie sich, doch er ergreift die Initiative. »Wie gehts dir?« fragt er, und Sie nehmen all ihren Mut zusammen und fragen: »Helfen Sie mir auf die Sprünge, Sie strahlen mich ja an, als ob wir …« Sie suchen das scheinbar Abwegigste. »als ob wir mal was miteinander gehabt hätten…« Volltreffer. Ihr hattet! Vor zehn Jahren, Sie erinnern sich zunehmend, und je intensiver die Erinnerung, desto roter wird Ihr Kopf …

Rettungsversuch: Na, gerne doch!
Es scheinen ja durchaus angenehme Erfahrungen zu sein, die Sie verbinden …

Wann ist es denn soweit?

Es gibt dicke und dünne Menschen, und die teilen sich wiederum auf in dicke und dünne Frauen und Männer. Letztere werden zwar auch mit allerlei Geschmacklosigkeiten bedacht, doch ist das folgende Fettnäpfchen bei Männern biologisch unmöglich (allenfalls als mehr oder weniger gelungener Scherz): Vor Ihnen steht eine ausgesprochen rundliche Frau, und besonders ihre frontalen Partien ragen hervorragend hervor. Sie können es sich einfach nicht verkneifen zu fragen: »Sind Sie schwanger?« oder »Wann ist es denn soweit?« Zur Antwort kriegen Sie: »Schwanger, ich? Nee, wieso?«

Ausweg: die Perspektive heben

Lenken Sie von der offensichtlich angefutterten Wampe ab, indem Sie andere Indizien für Ihren Irrtum benennen: »Sie haben da so etwas in Ihren Augen … nein, ich habe mich wohl geirrt.«

Aus eigener Erfahrung?

Ein befreundetes Paar ist bei Ihnen zu Besuch. Man spricht über dies und das und kommt schließlich auf das Thema Möbel. Der Freund erzählt von seinem neuen Ehebett und – ein wenig augenzwinkernd – von der traumhaften Beschaffenheit der Matratzen. Zur Verblüffung Ihres Ehemannes schalten Sie sich – angetrunken, wie Sie sind – korrigierend in das Gespräch ein: »Also ich finde erstens, daß die Betten bretthart sind und zweitens, daß diese neuen Matratzen ganz schön knarren!«

Ausweg: Woher kommt die Information?

Wenn Sie jetzt nicht erklären, woher Sie das wissen, können Sie gleich eingestehen, daß der Freund beim Sex irrsinnig stöhnt. Nein, erklären Sie einfach souverän, Sie hätten kürzlich genau dieses Bett im Möbelhaus getestet – mit beschriebenen Erfahrungen …

Das Ehebett

Sagen Sie nicht, daß Ehebetten zum Privatbereich und somit zur fettnäpfchenfreien Zone gehören. Schließlich sind Sie dort ja nie oder nur recht selten allein. Schon wenn es nur um das Schlafen geht, bieten sich zahlreiche Krisenpunkte an. Zu den Peinlichkeiten der geringeren Art zählen auf dem ehelichen Lager:

• ohne jede Vorwarnung mit eiskalten Füßen ins Bett steigen

• betrunken ins falsche Bett steigen (auf der falschen Seite)

• nachts lautstark furzen oder sich an den unmöglichsten Stellen kratzen (Männersache?)

• schnarchen und nachher auch noch behaupten, der Partner höre sich selber.

Zu den schweren Peinlichkeiten gehört folgende Verfehlung:

- mit der neusten Ausgabe »Hustler« oder »Playgirl« ins Bett gehen, alle sexuellen Avancen des Partners aber mit Müdigkeitsäußerungen beantworten.

In die Kategorie echtes Fettnäpfchen fallen die beiden nachfolgenden Varianten:

- Der Gute-Nacht-Gruß mit falschem Vornamen. Den Ärger werden Sie nie wieder los!

- Nachts im Traum die falschen Männernamen murmeln (am besten auch noch mehrere) und dabei hocherregt und möglichst unsittlich stöhnen.

Rettungsversuch: Offenheit? Schallschutz?
Entweder entschließen Sie sich dazu, Ihre gesamte erotische Vergangenheit im Detail vor Ihrem Partner auszubreiten (das kann recht anregend sein) oder Sie kaufen Ihrem Partner eine Großpackung Ohropax.

Erotikette im Liebesbette

Wenn im Bette nicht nur geschlafen werden soll, sondern der Austausch von Zärtlichkeiten oder gar Körperflüssigkeiten beginnt, wird es richtig interessant. Von vornherein prekär sind Vergleiche mit früheren Liebhabern, und handele es sich auch nur um die Form des Hinterns oder … nein, Schwanzlängenvergleiche sollte frau auf jeden Fall vermeiden, weil es hier um sensibelste Daten geht. Diese sonstigen typischen Peinlichkeiten auf dem Liebeslager sind bekannt, können aber mit einer besonders ungeschickten Zusatzaktion ein echtes Fettnäpfchen werden:

• Das an sich nur unangebrachte Einpennen auf dem Liebeslager Sekunden nach dem Sex wird zum echten Fettnäpfchen, wenn frau, vom Partner wachgerüttelt, verschlafen verkündet: »Oh, das passiert mir immer nur bei dir!«

Es handelt sich hier sogar um ein Stereofettnäpfchen, denn beinhaltet die Aussage doch a) das Eingeständnis sogar ständiger Untreue sowie b) die Wertung des soeben geschehenen Sexualerlebnisses: einschläfernd.

Aber auch mit positiv gemeinten Äußerungen können Frauen sich mächtig in die Nesseln setzen:

• Da trägt der scheue Ehegatte zum ersten Mal beim Liebesakt Dessous, nämlich einen atemberaubenden String-Tanga (einen Hauch von Nichts), und schon meinen Sie: »Scharf! Schwarz hatte ich bei Dunkelhaarigen schon immer am liebsten!«

• Auch Beiläufiges wirkt deplaziert: Was würde er wohl sagen, wenn Sie nach den Liebesakt »Einer geht noch, einer geht noch rein!« intonieren würden? Das wäre ähnlich unpassend und geschmacklos, wie das geistig minderbemittelte Lied aus der Sanitärwerbung: »ROHRFREI, ROHRFREI! ROHRFREI macht dein Rohr frei …!«, gesungen von Ihrem Liebhaber.

Elektronische Peinlichkeiten

Im elektronischen Verkehr kann man so manches falsch machen. Echte Fettnäpfchen gibt es im Netz nur wenige. Aber die haben es in sich. Sie stehen voll im Fett, wenn Sie:

• ein Mail mit schlimmen Tratschereien versehentlich in eine Mailing-List setzen, in der der Betratschte auch gelistet ist.

• geschäftliche und private Mails durcheinanderbringen und sich so unwillentlich bei den Geschäftspartnern als Freak oder Perverso *outen*.

• eine Raubkopie zu registrieren versuchen, weil Sie Online-Support brauchen.

• Mails mit dem erotischen Attachement nicht an eine gute Freundin, sondern an den Dozenten oder Doktovater in der Uni mailen.

Ausweg: Gehen Sie offline!

Schließen Sie Ihre Mailbox, bis digitales Gras über die Sache gewachsen ist.

Rettung

Rettungs-Strategien

Was tun, wenn man mitten drinsitzt im Fett? Kann es Rettung geben? Wird es Ihnen gelingen, sich am eigenen Schopf aus dem Napf zu ziehen? Es gibt einige Wege, dies zu schaffen …

Hier zunächst das Grundmuster, dialogisch wiedergegeben:

> Gast: »Wer ist denn das Monstrum da
> mit dem Wasserkopp?«
> Gastgeber: »Das ist mein Sohn!«

Peinlich, peinlich! Nun der Rettungsversuch:

> Gast: »Oh … steht ihm aber gut!«

Ein schwacher Notanker, aber immerhin enthält er unausgesprochen noch die Information: »Was ich auch gesagt habe – ich wollte Sie persönlich nicht beleidigen!« Der folgende Fall liegt ähnlich - auch der mißglückte Rettungsversuch:

• Britta war geschäftlich in Brasilien. Nach ihrer Rückkehr entwickelt sich zwischen ihr und ihrem Boß folgender Dialog:

> Chef: »Na, Britta, wie war es denn in Rio?«

Britta antwortet ehrlich und spontan - hier, wie so oft, ein schwerer Fehler:

> Britta: »Ach, Boss, Brasilien ist ein Scheißland!
> Da gibt es nur Fußballspieler und Nutten!«
> Chef: »Oh! Wußten Sie eigentlich,
> daß meine Frau Brasilianerin ist?«

Peinlich, peinlich. Welche Antwort bleibt der armen Britta noch?

> »Oh, bei welchem Verein spielt sie denn?«

So abgrundtief, wie Britta in diesem Fettnäpfchen steckt, vielleicht die letzte Rettung. Hier einige Methoden, die Ihnen helfen könnten, solche Situationen lebend zu überstehen:

Zerknirschung

Greifen Sie zu den Stilmitteln überzogenes Geständnis, Reue, Selbstbezichtigung und -beschimpfung, ja Geiselung.

Die weitschweifige Entschuldigung

So lange labern, bis alle froh sind, daß Sie aufhören. »Wie konnte mir das nur passieren, ich ungehobelter Klotz, ich Günstling des Schicksals, der eine solche Gnade gar nicht …«

Attacke & Schuldverlagerung

Angriff ist die beste Verteidignug. Lenken Sie die aggressive Energie um, die in Ihrem Fauxpas steckte, und greifen Sie irgendwen an.

Beispiel I - gezielt: Männer nehmen in dieser Situation gern ihren Nebenmann am Kragen, schütteln ihn ein wenig und schnauzen ihn dann an: »Kein Wunder, daß mir alles schiefgeht, so wie Sie hier rumstehen und dumm grinsen! Also wirklich!« Dabei achten sie peinlich darauf, daß der gewählte

Nebenmann a) kleiner ist und b) nicht irgendeinen irgendwie gefärbten Gürtel in einer der asiatischen Kampfsportarten besitzt.

Beispiel 2 - diffus – Dies ist die eher weibliche Variante: Rufen Sie mit einem nicht genau zu lokalisierenden aggressiven Seitenblick: »Verdammt, jetzt hast du mich völlig aus dem Konzept gebracht!« Irgendwer wird sich schuldig fühlen und die Peinlichkeitswellen anziehen wie der Knoblauch die Feinschmecker.

Die theatralische Entschuldigung

Wischen Sie Ihren Fehler mit großartigen, überaus gefühlvollen Gesten weg. Spielen Sie den weisen Philosophen, der die Welt längst hinter sich gelassen hat: »Banal! So eine völlig unwichtige Kleinigkeit! Was ist das alles vor dem Hintergrund der gähnenden Leere des Nichts!« Vielleicht folgt das Publikum Ihrer abgeklärten Einschätzung.

Rettung

Die Ausrede

»Ich bin nicht ganz bei mir, weil ich unter einer Allergie, den Folgen einer Medikamenteneinnahme, Unterzuckerung oder dem Jetlag leide!« Das läßt sich noch steigern …

Gesundheitsprobleme

»Diese schrecklichen Allergien, Zahnschmerzen, Neuralgien, Wetterfühligkeiten, Schlafstörungen, Monatsblutungen usw. machen mich noch wahnsinnig!« Und noch einen draufsetzen:

Psychische Probleme

Expertenwissen und Sachkompetenz bringen es. Sie müssen nur einen wohlklingenden Namen für das Leiden finden, das Schuld an all Ihren Fettnäpfchen ist: »Ach, es ist selektive Dysnomie, intermitierende Maledizionitis, eine schwere Alkoholüberempfindlichkeit oder besser ein dislociertes Äthylosyndrom, u.U. auch Diskretipletiose, soziale Phobie, metaparentale Festiophobie, Xenomegapolitritis usw.«

Der böse Fluch

Der U-Bahnfahrer aus Uganda hat heute morgen mit seinem Fetisch auf Sie gedeutet und Sie vermutlich bis ins dritte Glied verflucht! Oder war es der böse Blick der Gemüsefrau, der Sie die vergammelten Tomaten zurückgebracht haben?

Die coole Bemerkung

Ein passender Spruch kann Ihrem Fettnäpfchen die Spitze nehmen. Beispiel: Sie haben gerade, leicht angesäuselt, im Gespräch mit Kollegen Ihren Abteilungsleiter zum Vollidioten ernannt - nur leider stand er hinter Ihnen. Souveräne Reaktionen:

- »Ein Glück, daß mein Boss Spaß versteht!«
- »Nehmen Sie es nicht persönlich! Wenn ich besoffen bin, werde ich unausstehlich!«
- »Komm doch näher - sagte die Spinne zur Fliege!«
- »Sagen Sie dem Erschießungskommando, daß ich nur noch meinen Cocktail austrinke …«

Rettung

Das Ablenkungsmanöver

Simpel aber effektiv: Schauen Sie wie gebannt zur Tür und rufen Sie hocherregt: »Hach, wer kommt denn da?« Oder schauen Sie aus dem Fenster und verkünden Sie: »Oha! Politessen! Gleich ein ganzer Schwarm!« Alle rennen sofort los…

Die egalisierende Katastrophe

Die ideale Vernebelungstaktik: Bei einem Erdbeben oder einer Überschwemmung denkt niemand kleinlich an Peinlichkeiten. Leider lassen sich Naturkatastrophen nicht im geeigneten Moment abrufen - Sie müssen selbst Hand anlegen: Werfen Sie das Büffett um, oder zünden Sie das Haus an, indem Sie hochprozentigen Schnaps auf die Kerzenleuchter gießen - Ihr Fettnäpfchen wird vergessen sein.

Der Abgang

Wenn auch gar nichts mehr geht: Machen Sie blitzschnell die Biege! Aber geschickt und mit Stil!